Hohenloher Sommerträume

von Wildis Streng

Impressum
Texte, Layout, Satz: Wildis Streng
Bildnachweis auf S. 55
Coverfoto: Werner Streng
Herstellung und Verlag: BoD – Books on Demand, Norderstedt
ISBN: 9783752645927
Bibliografische Information der Deutschen Nationalbibliothek:
Die Deutsche Nationalbibliothek verzeichnet diese Publikation in
der Deutschen Nationalbibliografie; detaillierte bibliografische
Daten sind im Internet über dnb.dnb.de abrufbar.

Inhaltsverzeichnis

Hohenloher Kindheit

Heu machen

Ende Juli oder im frühen August haben wir immer Heu gemacht. Nun ist meine Familie keine Bauernfamilie, sondern meine Mutter Bankkauffrau und mein Vater Oberstudienrat. Aber meine Oma hatte ein Äckerle, das von meiner Mutter heute immer noch bestellt wird und das der moderne Mensch eher als „Feld" bezeichnen würde. Ebenso haben wir eine Wiese, die wirtschaftlich keinen echten Wert darstellt. Ein paar Birnbäume und ein Walnussbaum stehen auf ihr, auf dem oberen Plateau einige Nadelbäume, die wir manchmal als Weihnachtsbaum verwendet haben. Sie liegt am Hang, die Wiese, und ist in Westgartshausen. Gegenüber einem Grundstück mit einer rätselhaften Tanne, die einmal drei Stämme besessen hat, durch Blitzeinschlag jedoch zu einer normalen Tanne degradiert worden ist. Obwohl sie in ihrem Inneren sicherlich noch eine besondere Tanne ist, davon bin ich überzeugt. Jedenfalls war meine Familie immer anständig genug, um das Heu, welches auf der Wiese wuchs, nicht verkommen zu lassen. Denn immerhin hatten wir einen Abnehmer – mein Onkel Alfred war zeitlebens „Hobbylandwirt", wie auf dem Schild zu lesen war, das er beim Volksfestumzug immer an seinem Wagen montiert hatte. Gezogen wurde der Wagen meist von einem seiner Haflinger. Sein erstes Pferd hieß „Nastor", und für mich als Kind war der mir riesig erscheinende Nastor das imposanteste und schönste Pferd der Welt. Ich durfte nie das Reiten lernen, weil meine Mutter immer Angst hatte, dass ich herunterfallen würde. Umso Ehrfurcht gebietender und schöner erschien mir „der Naschdor" mit seinem karamellfarbenen Fell und der cremeweißen Mähne. Und die Wiese gefiel mir, ich kannte viele Blumen beim Namen und spielte oft Elfe oder Wiesenkönigin oder irgendetwas in der Art. Dabei baute ich mir Nester im hohen Gras, das mich damals noch überragte. Während der Heuernte wurde ich allerdings geschumpfen, wenn ich das Gras „zsammhoggte", denn so ließ es sich weniger gut mähen. Mein Onkel und mein Vater erledigten das mit der Sense, in einem ersten Durchgang. Das bedauerte ich einerseits, denn dann hatte ich keine Nester mehr. Andererseits roch das frisch geschnittene Gras einfach wunderbar, frisch und grün, nach Leben und nach Natur. Ein paar Tage später fuhr man dann wieder nach Westgartshausen, zum Heu wenden, das ging jedoch vergleichsweise schnell. Und die ganze Zeit über hoffte man, dass das Wetter hielt, dass es keines dieser berüchtigten Sommergewitter geben würde, das das Heu womöglich verderben würde. Die eigentliche Heuernte war dann der schönste Tag. Meine Mutter richtete frühmorgens einen Korb mit dick belegten Paprikalyonerbroten und Getränken. Dann fuhr man wieder nach Westgartshausen, die ganze Familie. Oma, Mama, Papa und, seit ich sechs war, auch meine Schwester. In den ersten Jahren verlief die Ernte noch ohne Ballenpresse, in den späteren Jahren mit so einem Gerät, vor dem ich einen heiden Respekt hatte. Weil ich mir immer vorstellte, wie es wäre, wenn man da aus Versehen den Arm „neibringa" würde. Und ich geriet nur

6

selten in die Reichweite des unheimlichen, mir gleichsam lebendig erscheinenden Monstrums. Denn auch meine Mutter erkannte die Gefahr, die die Ballenpresse speziell für Kinder darstellte. Und so fütterten die Erwachsenen, mein Onkel, meine Eltern und meine Oma das Monster, das mit großem Rattern nach einer Weile fertige Heuballen, die mit schwarzem Plastikband umwickelt waren, ausspuckte. Die duftenden Ballen wurden dann auf einen Ladewagen geladen, vor dem in frühen Jahren Nastor gespannt war. Nach seinem Tod durch eine Kolik ersetzte ein weinroter Bulldog das Pferd. Und es gab nichts Schöneres, als nach getaner Arbeit ein Picknick auf der nun leeren Wiese zu machen. Die Sommergrillen zirpten, die heiße Luft flirrte, und wir aßen die Paprikalyonerbrote und tranken Sprudel dazu. Und waren stolz auf das Heu, das Onkel Alfred dann in seiner Scheune im Spitalgarten, der eigentlich mitten in einem Wohngebiet liegt, lagerte (die Sache mit dem Wohngebiet war meinem Onkel immer egal). Vor allem aber waren wir froh, dass das Heu nicht verkam, denn das wäre sehr, sehr unanständig gewesen.

Zehnereis

Zum Sommer gehört natürlich Speiseeis. Und damals in den Achtzigern gab es „Nucki Nuss", „Nucki Erdbeer", „Ed von Schleck", „Bumbum", „Himbi", „Nogger" und „Flutschfinger". Das billigste Eis war „Caretta", welches eigentlich nur gestreckter, überzuckerter gefrorener Orangennektar war. „Caretta" war dementsprechend am unbeliebtesten, aber natürlich auch am billigsten, es kostete nur 60 Pfennige. 60 Pfennige waren damals nicht viel Geld. Für einen Grundschüler mit zwei, drei Mark Taschengeld pro Woche allerdings schon ein ziemlicher Posten. Und all diese Eissorten gab es sowieso eher in den Kiosks und Restaurants, in denen dann Eistruhen für die Kinder standen, wo man sich dann nach dem Essen manchmal noch eines kaufen durfte. Natürlich gab es diese „Eise" auch in den Tante-Emma-Läden der Region, und auch bei der „Lilli" in Tiefenbach. Aber die Lilli hatte noch ein anderes Eis im Angebot, nämlich das „Zehnereis". Falls man sich damals die Mühe gemacht hätte, die weiße Schrift auf dem Klarsicht-Plastikschlauch, in dem das Zehnereis angeboten wurde, zu entziffern, so hätte man dort „Bussi Schleck Drink" lesen können, dazu das Bild eines irgendwie seltsam aussehenden Bärchens, das etwas von einem Lemuren hatte. Aber so nannte kein Mensch bzw. kein Kind das Zehnereis. Vielmehr hatte es seinen Namen von seinem Preis – ein Zehnereis kostete zehn Pfennige, also ein „Zehnerle". Praktischerweise befand sich Lillis Laden, der fast immer geöffnet hatte - (außer, wenn ein Papp-Schild mit der Aufschrift „Bin gleich zurück" dranhing) - direkt am Fuße jenes kleinen Hügels, der von der Reußenbergschule ins Dorf hinunterführt. Alle Tiefenbacher Kinder kamen also an „der Lilli" vorbei. Und man freute sich schon auf das Zehnereis, überlegte sich im Vorfeld, welche Sorten man haben wollte. Cola war am coolsten, denn Cola durfte man offiziell ja nicht trinken, wegen des Koffeins. Dann gab es das giftgrüne und sehr geschmacksintensive Waldmeister, das tief dunkelrote Sauerkirsch, das weiße, erfrischende Zitrone und das orangefarbene, das am langweiligsten schmeckte und außerdem ja ähnlich wie Caretta – das ungeliebte Billigeis - war. Und so rannten wir nach der Schule im Sommer immer die zehn Stufen zu Lillis Lädle hoch, nachlässig das schmiedeeiserne, cremefarben gestrichene Geländer mit dem schwarzen Gummihandlauf streifend, und durchschritten die Ladentür, die von zwei schokobraunen Holzläden flankiert wurde. Der Laden war nicht groß, insgesamt sicherlich unter 20 Quadratmetern. Mittig stand ein Regal mit Grundnahrungsmitteln, an einer Wand eine Auslage mit einem bisschen Obst und Gemüse. Ich gebe zu, dass es mir schwer fällt, mich an die genaue Einrichtung zu erinnern, weil wir Kinder auf zwei Dinge fixiert waren: Die Eistruhe gleich links der Türe, die unser Zehnereis enthielt, und die gläserne Theke, auf der noch allerlei Süßigkeiten, wie Eiskonfekt und rote Gummispaghetti, angeboten wurden. Und hinter dieser Theke stand immer „die Lilli", wie sie von uns Kindern hinter vorgehaltener Hand genannt wurde – denn natürlich hätte sich niemand jemals getraut, Lilli zu duzen. Sie erschien uns mit ihrem grauen, stets perfekten, riesigen Dutt und der Hornbrille immer ein eher gestreng, auch ihr nachtblauer Kittelschurz mit den blauweißen Knöpfen wirkte Ehrfurcht gebietend – immerhin wies er sie als die Chefin des Ladens aus. Und Lilli war nur manchmal begeistert, wenn wir nacheinander unsere Bestellung in Auftrag gaben: "Ein Rotes, ein Weißes und ein Braunes bitte!" Aber mit stoischer Geduld kramte sie immer in der blauen Schöller-Eistruhe nach den gewünschten Sorten. Diese Prozedur war oft recht langwierig, denn meistens waren wir zu dritt oder zu viert. Der Heimweg dauerte, vor allem wenn man trödelte, da konnte man schon drei Zehnereise verzehren. Und so zahlten wir mit feierlichem Ernst die 10 Pfennig pro Eis an der Theke, und Lillis ratternde, schon damals altmodische Kasse schluckte das Geld. Wir verließen den Laden mit einem grüßenden „Ade!", rissen die Hülle mit den Zähnen auf und saugten begeistert am Zehnereis.

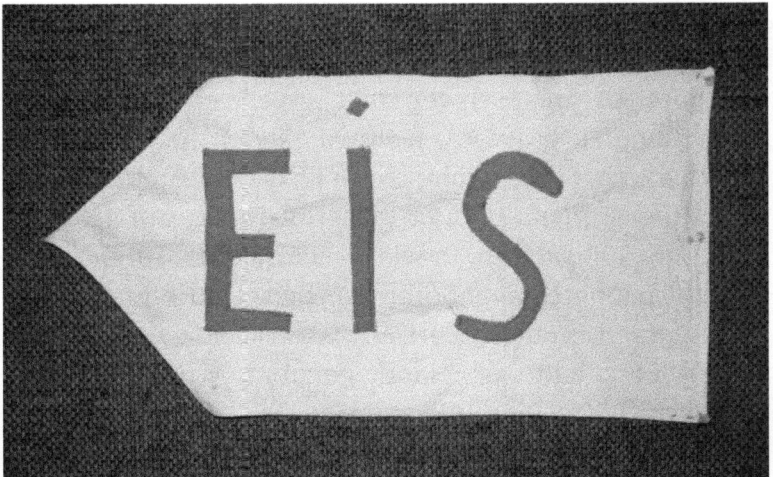

Träubles essen

Was Träuble sind, weiß jeder Hohenloher. Es sind nicht etwa Trauben. Und was sie schon gar nicht sind, ist „Cassis". Gut, streng genommen stimmt die Bezeichnung „Cassis". Auch, wenn in Hohenlohe in der Kneipe niemand „eine total leckere Cassis-Schorle" bestellen würde, sondern vielmehr "ein Johannschorle". Und Norddeutsche sind wohl überfordert, was nun wirklich gemeint ist, wenn im Café „Träubleskuchen" angeboten wird („Sind das dann blaue oder grüne Trauben?"). Bei uns weiß jeder, was Träuble sind, oder auch Johannisbeerle. Und auch, dass es dreierlei Sorten gibt, nämlich rote, weiße und schwarze, eben die Cassis.

In unserem Garten gab es alle drei Sorten, und als Kind habe ich die Reife kaum erwarten können. Bei täglichen Streiftouren und Kontrollgängen durch den Garten beobachtete ich, wie die erst grünen Beeren sich nach und nach färbten. Dann streifte ich die Rispen ehrfürchtig in meine kleine Hand, um sie kurz hin- und herzurollen, um zu prüfen, ob sie auch gut waren. Und dann genoss ich.

Die Roten werden allmählich rot, dann, wenn sie prall sind und beinah durchsichtig, dann sind sie reif. Die Roten sind die erste Sorte, die reif ist, aber auch die langweiligste, denn die hat ja jeder. Trotzdem – es waren die ersten Träuble des Jahres, und Mama machte einen wunderbaren Kuchen aus ihnen, von dem man nicht zu viel essen durfte, weil die Kombination aus Nüssen und

Beerensäure auf die Mundschleimhaut doch ziemlich reizend wirkte.

Als nächstes werden die Weißen reif, und bei ihnen muss man genau hinsehen. Sie sind natürlich nicht wirklich weiß, sondern eher blassgelb bis ockerfarben. Und man sieht die Kerne durch, wenn sie wirklich soweit sind. Sie schmecken feiner, unaufdringlicher. Und sie sind viel kleiner als die Roten.

Meine Lieblingssorte waren aber die Schwarzen, ich bildete mir ein, dass sie irgendwie nach Holz schmeckten. Das ist natürlich Quatsch, denn Holz habe ich ja noch nie probiert. Aber vielleicht liegt es auch daran, dass der Blütenrest am unteren Träublesende bei den Schwarzen am größten ist, dass ihre Haut ledrig wirkt. Oder daran, dass sie nicht durchsichtig sind wie die Roten und die Weißen, sondern dass ihre Farbe von einem matten Grün über Braun zu Tiefschwarz wechselt. Sie schmecken am intensivsten, haben einen Beigeschmack, der an Holunderbeeren erinnert, aber ohne das irgendwie Metallische.

Wenn ich heute in der Kneipe ein Johannschorle bestelle, dann denke ich nicht wirklich an Schwarze Träuble dabei. Eigentlich schade. Aber neulich war ich mal wieder in Mamas Garten und habe alle drei Sorten probiert. Und dabei habe ich festgestellt, dass die Schwarzen immer noch die Besten sind. Mit Abstand!

Süßkirschen von Opa

Süßkirschen sind süß. Sauerkirschen sind sauer. Das ist klar. Und wenn man ein Kind fragt, ob es lieber Sauerkirschen oder Süßkirschen essen möchte, dann ist die Antwort genauso klar. Hat man so wie wir aber das Pech, nur einen Sauerkirschbaum im Garten zu haben, dann isst man eben auch diese. Aber man wartet, bis sie nicht nur rot sind, sondern dunkelrot, bordeauxrot. Denn dann geht es, und man kann sich vorstellen, dass sie süß seien, ein kleines bisschen. Trotzdem ist es anders, wenn man auf die Sauerkirschen beißt. Sie sind nicht nur kleiner. Sondern sie machen auch nicht diesen Knack, den man von den eingelegten, zuckerigen Mon-Chéri-Kirschen kennt, die in der Werbung so rot sind wie überhaupt sonst nichts auf der Welt. Es bleiben Sauerkirschen. Und so kam es, dass wir Kinder damals total scharf waren auf Süßkirschen. Allerdings: *Kaufen* ging gar nicht. Denn erstens hatte man eigene Kirschen, und die mussten ja auch weg. Zweitens kostete das Kilo zwischen drei-fünfzig und vier Mark, was drittens dekadent war. Aber es gab ja noch die Süßkirschen in Opas Garten in Schwäbisch Hall. Die waren süß und knackig und knallkirschrot, oh ja. Aber sie hatten einen Nachteil. Denn sie waren meistens bewohnt. Und zwar von kleinen, rosafarbenen oder hellgelben Würmchen mit dunklen Köpfchen. Und die wanden sich empört, wenn man die Kirsche, ihr Zuhause, vorsichtig mit den Fingern auseinanderzog. Denn wir hatten nicht wirklich Lust auf Gratis-Protein, wie die Erwachsenen das lachend nannten. Also kontrollierten wir jede Kirsche, bevor wir sie aßen, und warfen die bewohnten ins Gras. Später waren wir älter, und wir kamen nicht mehr so oft zu Oma und Opa. Aber Opa pflückte immer noch begeistert Kirschen für uns und tat sie in eine dieser Noname-Tupper-Boxen, weil echte Tupperware ja einfach sündhaft teuer war. So etwas kaufte man nicht, das war nachgerade unanständig. Dekadenz pur! Also waren diese Süßkirschen, die man dann immer aus Hall mitgebracht bekam, in einer hellen Plastikbox mit Deckel. Und man bedankte sich artig, wohl wissend, dass die meisten dieser Kirschen bewohnt waren. Und wenn Oma und Opa wieder gegangen waren, öffnete man die Box und fand mindestens zehn oder zwanzig dieser pastellfarbenen Würmchen orientierungslos zwischen den leckeren Kirschen umherkriechen. Sofort verging einem der Appetit, ganz abgesehen vom Mitleid, das man für die obdachlosen Kreaturen empfand. Die Idee, die Würmchen in Wasser zu ertränken, wurde verworfen – einerseits wegen der Sache mit dem Mitleid und auch, weil niemand Kirschen mit ertrunkenen Wurmleichen essen wollte. Also warteten wir, bis die Kirschen überreif waren – wir vergaßen, sie in den Kühlschrank zu stellen, bei geschlossenem Deckel – und dann, ja dann waren sie nicht mehr gut, und wir warfen sie aufatmend auf die Miste. Aber wenn Opa fragte, wie die Süßkirschen geschmeckt hatten, die er mühsam einzeln vom Baum gepflückt hatte, dann logen wir und sagten „Hervorragend!" und „Danke!" Denn wir hatten ihn einfach viel zu lieb.

14

Äpfel klauben

„Wildele, glaab etz die Epfel endlich zsamm!", so mahnte mich meine Oma stets, wenn ich mich allzu lange darum gedrückt hatte. Ich war als Kind durchaus gewohnt, dass man bei verschiedenen Dingen daheim ab und zu mithilft. Begeistert war ich davon allerdings nicht, denn das waren selten angenehme Aufgaben. Das Äpfel klauben an sich wäre ja nicht das Problem gewesen. Die Äpfel zusammenzulesen und sie dann in einen Eimer zu verfrachten, der eine Größe hatte, dass ein Kind ihn noch mühelos tragen konnte. Das Problem war vielmehr, dass die Äpfel teilweise nicht mehr ganz taufrisch waren. Vielmehr eben so, wie sie auf dem Boden lagen: Einige waren perfekt knackig und man konnte, ja *wollte* direkt hineinbeißen. Andere überraschten einen mit einer schleimig-braunen Rückseite, in der der Finger beim Anfassen versank und die eine bräunliche Schmiere auf der Hand hinterließ. „Iiiiiih", entfuhr es dann dem Wildele des Öfteren, aber die kleine Wildis biss die Zähne zusammen und fasste von da ab jeden Apfel zarter, vorsichtiger an, was die ganze Prozedur natürlich deutlich verzögerte. Aber das machte schon Sinn, denn manchmal saßen sogar schon Maden auf den Äpfeln, und da wollte das Wildele erst recht nicht hinein fassen. Also ganz vorsichtig: Die guten in den weißen Eimer, die schleimigen in den roten. Den roten Eimer dann mit einigem Ekel auf der Miste ausleeren. Und den weißen … ja. Ich werde niemals vergessen, wie es dann war, den vollen Eimer in die Küche zu tragen und von Mama für meinen Fleiß gelobt zu werden. Das Lob war allerdings nebensächlich, denn Mama wusch dann die Äpfel, teilte sie in Viertel, entkernte diese und schob sie endlich in die Saftpresse. Die Saftpresse war ein recht großes Gerät mit einem anthrazitgrauen, durchsichtigen Plastikstopfer. In das Einfüllloch kamen dann die Apfelviertel, schön der Reihe nach, und Mama drückte hektisch, weil sie fast alles hektisch macht. Die Saftpresse kreischte ohrenbetäubend, wenn sie den Apfelschnitz nach Saft und Trester trennte. Und trotzdem dauerte es ewig, bis das Glas, das meine Mutter unter den Auslauf gestellt hatte, gefüllt war. Ich habe oft zugesehen, wie der ockerfarbene Saft in das Glas lief. Er duftete verheißungsvoll, nach Apfel natürlich, aber irgendwie auch nach Erde. Und eine kleine, helle Schaumschicht bildete sich auf dem trüben Getränk. Und endlich konnte ich zum ersten Mal am frisch gepressten Apfelsaft nippen, vorsichtig, denn mir war damals schon klar, dass das etwas Gutes, ja, etwas Kostbares ist. Heute trinke ich gern naturtrüben Apfelsaft, und ich mag ihn sehr. Aber manchmal frage ich mich, ob der selbst zusammengeklaubte von damals nicht *noch ein bisschen* besser war.

Märchenhaftes Hohenlohe

Die Quelle bei Satteldorf

Die Quelle ist klein und gar nicht spektakulär. Jedenfalls nicht so, wie man sich eine Quelle vorstellt. Nicht sprudelnd, nicht gewaltig. Nein, sie ist ein kleines, aus Naturstein gemauertes, ovales Becken von etwa 80 cm Breite. Und aus einem Rohr, noch unter der Oberfläche des terrassenförmig angelegten Bodens, rinnt Wasser. Mal hat der Strahl die Intensität eines laufenden Wasserhahns. Mal rinnt er kläglich. Mal tröpfelt die Quelle bloß. Aber sie speist ein kleines Bächlein. Ich komme gern auf meinen Spaziergängen hierher, denn die Quelle hat etwas Magisches. Es ist faszinierend, dass da Wasser fließt – einfach so. Ich weiß nicht, woher es kommt. Es ist früher Abend, das letzte Spätsommerlicht taucht die Umgebung in goldenes Leuchten. Die Quelle selbst bleibt verschattet, das ist sie immer, und ich finde, das passt. Das Wasser riecht warm, obwohl es kalt ist. Ich halte eine Hand unter den rinnenden Strahl. Kühl und klar wirkt das Wasser. Ich benetze meine Lippen, es schmeckt süß. Plötzlich ein Rascheln im Gras neben mir. Ich erschrecke, denn ich entdecke eine kleine, gelbe Schlange. Eine Blindschleiche. Sie hebt den Kopf etwas vom Boden und sieht mich direkt an. Dann schlängelt sie sich durchs hohe Gras davon. Ich stelle mir vor, sie wäre verzaubert.

Rotkleidchen in Wildentierbach

Sie hatte sich sofort in dieses kleine, bezaubernde Haus in Wildentierbach verliebt. Seit sie diesen Frauenroman über Biggy gelesen hatte, die aus der Stadt aufs Land gezogen war, hatte ihr genau so etwas vorgeschwebt. Ein kleines, altes Haus mit einem Bauerngarten davor. Ihre letzte Beziehung war Monate her, und sie hatte sich für einen Neuanfang entschieden, hatte eine neue Stelle in Niederstetten gefunden. Also war sie nach Wildentierbach in das Traumhäuslein gezogen und hatte sich einen Hund geholt. Naja, böse Zungen nannten ihren Rex auch „Ratte", denn es handelte sich um einen Chihuahua. Sie fand das gemein, Rex war keine Ratte, sondern der schönste, liebste und mutigste Hund der Welt. Und er war ausdauernd, sie konnte mit ihm wirklich ausgedehnte Spaziergänge durch die Wildentierbacher Wälder unternehmen. So wie heute, an diesem wunderschönen Sommerabend. Die Sonne versendete letzte Strahlen und tauchte den Wald in ein goldenes Licht, das hie und da zwischen den Bäumen hindurch funkelte. Nicht überall erreichte das Licht den duftenden, moosigen Waldboden. Manche Stellen waren erstaunlich dunkel, so dunkel, dass man sich über ihre Finsternis wunderte. Sie trug ihr neues rotes Kleid, das in einer klassischen A-Linie geschnitten war und das wirklich gut aussah an ihr. Obwohl das hier im Wald zweitrangig war, denn es würde ihr hier sicherlich niemand begegnen, der sie attraktiv hätte finden können. Egal, dann war sie eben für Rex schön, der begeistert den Boden inspizierte und ab und zu Haken schlug, als wäre er kein Hund, sondern ein Feldhase. Er hechelte glücklich, schnupperte, wühlte. Selten nur blickte er zu ihr auf, er war einfach zu beschäftigt. Und auch sie hing ihren Gedanken nach. Hier war sie nun also gelandet, in Wildentierbach. Im Wald. Im tiefen, dunklen Wald. In den Fränkischen Nachrichten hatte heute ein Artikel gestanden, über den Wolf. „Der Wolf ist in Hohenlohe!" Eine Wildkamera bei Niederstetten habe einen Wolf geknipst, angeblich. Vielleicht sei es aber auch nur ein großer Hund gewesen, das könne man nicht wissen und das könne durchaus sein, es gebe ja viele Hunderassen, die dem Wolf, *lupus lupus*, sehr, sehr ähnlich sähen. Sie hatte den Kopf geschüttelt, so ein Quatsch! Niemals war hier ein Wolf! Und aus urheberrechtlichen Gründen könne man das Bild leider nicht abdrucken, hatte noch dabei gestanden. Sie hatte erneut den Kopf geschüttelt und sich gefragt, ob der Selbstauslöser der Kamera denn tatsächlich seine Persönlichkeitsrechte verletzt gesehen hätte, wenn die „Fränkischen Nachrichten" sein Bild gedruckt hätten. Weil interessant wäre das Bild ja schon gewesen - aber nun gut. Dort hinten flutete Sonnenlicht durch die Fichten, deren Stämme am unteren Ende von dürren Zweigen bestanden waren. Durch die dichten Wipfel kam einfach zu wenig Licht am Boden an. Drüben war wieder so eine dunkle Stelle, richtig duster, grau. Bewegte sich da etwas? Sie blieb stehen und kniff die Augen zusammen, um besser sehen zu können, sie hatte beim Spaziergang nie ihre Brille dabei. Rex blieb ebenfalls stehen und blickte irritiert zu ihr hoch. Das war doch ein gutes Zeichen, denn wenn sich da hinten im Schatten wirklich ein wildes Tier verstecken würde, dann würde ihr Rexi das garantiert merken. Obwohl. Rex war klein, und vielleicht reichte seine Nase gar nicht so weit? Und immerhin bist du hier in Wildentierbach, was glaubst du, woher der Ort seinen Namen hat?, dachte sie bei sich. Sie lächelte und strich sich eine einzelne Haarsträhne, die sich aus dem Zopf gelöst hatte, aus dem Gesicht. So ein Quatsch! Das Kaff hieß Wildentierbach, weil sich am Bach öfters Wildtiere versammelt hatten. Rehe. Hirsche. Wildschweine vielleicht. *Solche* Tiere. Und keine *Wölfe*. Sie setzte ihren Weg fort, und Rex senkte seine kleine Schnauze wieder auf den Boden. Die Sonne war jetzt fast unter den Horizont gesunken, schaffte es nur noch an wenigen Stellen, die unerbittlichen Fichtenwipfel orangerot zu durchdringen. Sie fröstelte, und das wunderte sie, es war ein warmer Sommerabend. Kaum merklich beschleunigte sie ihren Schritt, bog in den Waldweg in Richtung Wildentierbach ein, in Richtung Zivilisation, weg vom tiefen, dunklen Wald. Etwas hinter ihr im Gebüsch knackte, und sie widerstand der Versuchung, sich umzudrehen. Rex blickte sich kurz um, wollte stehen bleiben. Aber sie zerrte ruckartig und etwas rüde an der Leine. Rex winselte klagend, aber sie ging einfach weiter, und so zog er den Schwanz ein und trottete gehorsam mit. In der Ferne sah sie das helle Licht, das durch eine Art Tor zu leuchten schien. Natürlich war da nicht wirklich ein Tor – es sah nur so aus, durch die Bäume und Sträucher, die einen Rahmen um den Waldausgang bildeten. Da mussten sie hin, denn allmählich war ihr wirklich recht kühl. Sie ärgerte sich nun doch, dass sie ihr Jeansjäckchen zuhause am Haken hatte hängen lassen, an der Garderobe. Vielleicht wäre es doch gut gewesen, es dabeizuhaben, denn jetzt war es schon kühl. Der Wolf in Hohenlohe, lächerlich war das. Außerdem hatte sie Durst, und Rexi brauchte seine abendliche Ration Hundefutter, dringend. So kleine Hunde mussten regelmäßig gefüttert werden, und zu trinken brauchte er auch. Nicht, dass er noch einen Hitzschlag bekäme! Das Sonnenlicht war jetzt rot, blutrot. Rotkäppchenrot, so rot wie ihr Kleid. Sie lief noch einmal schneller, das Licht kam näher, etwas. Und dann hörte sie es. Ein Heulen. Ein Hund anscheinend, der am Abend … nein. Das war kein Hund! Wie angewurzelt blieb sie stehen und blickte auf Rex hinunter, der mit gespitzten Ohren lauschte. Dann legte er den kleinen Kopf in den Nacken, stimmte in das Heulen mit ein und sah sie an, als würde er böse grinsen.

Am Heinzenmühlen-Wehr

Es ist ein schöner Sommertag, die Sonne strahlt von einem wolkenlosen Himmel. Die Wärme wäre beinahe unangenehm, aber zum Glück ist da der für die Hohenloher Ebene typische Wind, der die heiße Luft stetig bewegt und sie somit angenehm macht. Sie hat heute früher Feierabend gemacht, sie will noch schwimmen gehen. Aber auf Freibad hat sie keine Lust, nicht heute. Heute ist ihr nach Ruhe, nach Auszeit. Und so hat sie sich ein Handtuch geschnappt, den Bikini unter dem Sommerkleid angezogen und ist nach Bölgental gefahren, um von da aus das kurze Stück in die Heinzenmühle hinunterzuwandern. Die Heinzenmühle ist *die* Ausflugs-Location ihrer Kindheit gewesen – von der Grundschule in Tiefenbach war es eine stattliche Wanderung über Wollmershausen ins Jagsttal, unter der Gronachtal-Brücke hindurch, dann die kleinen, von einem Holzgeländer begrenzten Serpentinen das Tal hinunter entlang, über den hölzernen Steg über die Jagst und dann zu den Grundmauern der abgebrannten Heinzenmühle, wo man wunderbar grillen konnte. Außerdem konnte man mit leichtem Gruseln die kleine, gemauerte „Höhle" betreten, deren ursprünglicher Zweck den Kindern damals unbekannt war und die damit unglaublich viel Platz für Phantasie ließ. Und, was das Wichtigste war: Man konnte baden, notfalls in Unterwäsche, wenn man keine Badesachen dabei hatte. Enormen Respekt hatte man vor dem Mühlkanal, in dem das Wasser fordernd brauste, von dem hielt man sich fern. Aber oberhalb des Wehres war das Wasser tief genug zum Schwimmen. Und heute war ihr das eingefallen, sie war Jahre nicht mehr dort gewesen, ach was, zwei Jahrzehnte. Endlich ist sie unten angekommen, am vertrauten und doch fremden Ort. Denn die Heinzenmühle scheint geschrumpft zu sein – natürlich, sie selbst ist größer geworden, erwachsen. Der Mühlkanal rauscht wie eh und je, und sie spürt das wohlige Gruseln, das sie als Kind empfunden hat. Sie legt ihr Handtuch auf die von der Sonne angewärmte Mauer und sieht hinunter in das tosende Loch. Irgendwie unheimlich, immer noch, sie würde sich davor in Acht nehmen. Ihr Blick wandert zur „Höhle", auch die ist immer noch da, allerdings ist ihr Eingang vergittert, weil anscheinend Fledermäuse darin wohnen. Schade, sie hat gehofft, einmal rein zu können. Aber egal. Die Jagst ist ja noch unverändert, das Wehr, einladend wie eh und je. Sie zieht das Sommerkleid über den Kopf und legt es achtlos neben das Handtuch auf die Mauer. Dann geht sie die wenigen Schritte nach links, wo man oberhalb des Wehres ins Wasser steigen kann. Sie streift die Sandalen ab und taucht den Zeh ins Wasser. Es ist kühl, aber nicht unangenehm. Vorsichtig setzt sie einen Fuß hinein; es gibt schlüpfrige Stellen hier, man kann böse ausrutschen und unsanft hinfallen, sich vielleicht sogar verletzen. Eine gute Taktik ist es, den Fuß erst leicht aufzusetzen, anschließend mit mehr Gewicht und dann die Zehen in den Boden zu krallen. Auf diese Weise schiebt sie sich weiter vorwärts, links vom Wehr, benetzt die Arme mit dem Jagstwasser, bis sie sich endlich überwinden kann, komplett einzutauchen. Von irgendwo aus dem Wald ruft ein Eichelhäher, das Wehr rauscht, und der

24

Mühlkanal brodelt dumpf. Sie taucht kurz unter, um sich den Schweiß aus dem Gesicht zu waschen, aus den Haaren, die sie heute offen trägt. Sie kommt wieder nach oben und streicht sich das Haar aus dem Gesicht, um dann nochmals einzutauchen, das Gesicht halb ins Wasser zu versenken, bis unter die Nasenspitze. Sie muss sich flach ins Wasser legen, denn allzu tief ist es hier doch nicht, sie hatte die Stelle tiefer in Erinnerung. Sie wendet sich in Richtung der Gronachtal-Brücke und entdeckt einige Seerosen am Ufer. Mit kleinen, fast meditativen Bewegungen gleitet sie hin. Bewundert erst die schwimmenden Blätter. Und dann die vollkommenen, in ihrer Perfektion nahezu künstlich wirkenden Blüten. Rosarot und weiß sind die Blütenblätter rosettenförmig um dottergelbe Staubgefäße angebracht. Azurblaue Libellen schweben zwischen den Blüten, wie kleine Hubschrauber, mit gläsernen, filigran wirkenden Flügeln. Sie duckt sich, um die Tiere nicht zu stören, pirscht sich gleichzeitig näher heran. Die kleinen Flieger sind wunderschön, haben riesige Facettenaugen, die sie zu beobachten scheinen. Unglaublich, vom Ufer aus nimmt man die Libellen gar nicht wahr. Plötzlich zupft etwas an ihrem Fuß, kaum wahrnehmbar, nur ganz leicht. Ein Fisch, nein, gleich mehrere, die sie offenbar für essbar – zumindest anknabberbar – halten. Sie muss lachen, es kitzelt, und irgendwie ist es ein schönes Gefühl. Eine Weile verharrt sie so, genießt die Begegnung mit den Tieren, die sie nicht sehen, wohl aber spüren kann. Endlich schwimmt sie zurück zum Wehr, denn in ihrer Kindheit hat sie sich da immer hingelegt und sich da vom kühlen Jagstwasser überspülen lassen. Sie zögert, als sie die dichten, grün gefiederten Algen entdeckt, die das Wehr überziehen. Prüfend fährt sie mit der Hand über den Bewuchs, fürchtet, er wäre unangenehm glitschig. Aber nein, die Algen sind weich wie ein Flokati. Sie erklettert das Wehr und legt sich auf den Rücken, das Wasser überspült sie, sie streckt die Arme nach hinten aus, legt den Kopf zurück. Oben und unten sind vertauscht, der Fluss ist oben, der Himmel mit der Brücke unten. Ihr schwindelt, und sie dreht sich um, auf den Bauch, die Hände unter das Kinn gestützt. Befindet sich nun auf Höhe der Wasseroberfläche, sogar ein bisschen darunter. Wie wunderschön! Sicherlich gibt es noch viel mehr Tiere hier, als die, die sie schon gesehen und gespürt hat. Insekten. Fische. Krebse. Vielleicht auch Wassergeister. Nymphen vielleicht, Meerjungfrauen, oder vielmehr: Flussjungfrauen. Sie hätte nichts dagegen, eine Flussjungfrau hier an der Heinzenmühle zu sein. Tagsüber könnte sie in den Jagstwellen mit den Fischen spielen. Abends könnte sie auf dem Wehr sitzen und im Licht der untergehenden Sonne ihr langes blaues Haar kämmen. Und nachts in der absoluten Dunkelheit unten auf dem Grund schlafen, in einem Bett aus kuschelig weichen Flokati-Algen. Sie schließt die Augen. Kein schlechtes Leben wäre das! Ein Lächeln stiehlt sich auf ihre Lippen. Und dann öffnet sie die Augen. Blinzelt. Sie hat sich nicht getäuscht. Sie blickt in ein Frauengesicht.

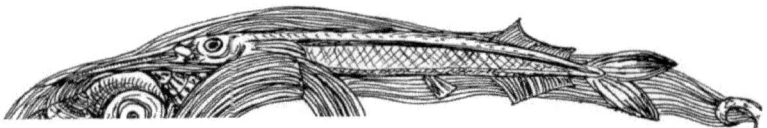

Gröninger Froschkönigin

Es war nach sechs, als sie ankam. Sie hatte den kleinen See zwischen Gröningen und Triftshausen im letzten Jahr durch Zufall entdeckt, beim Googeln nach „Seen in Hohenlohe". Dabei war es eigentlich übertrieben, die Pfütze „See" zu nennen. Streng genommen handelte es sich maximal um einen Teich. Sein Boden war mit Verbundsteinen gepflastert, und der Durchmesser betrug nicht mehr als 15 Meter. Aber sie mochte den See, nichts war erfrischender, als am Ende eines langen, nervigen Sommerarbeitstags noch eine Runde schwimmen zu gehen. Und natürlich hätte sie auch im Freibad schwimmen können, ohne die paar Algen, im glasklaren Wasser, das türkisblau wirkte, weil die Fliesen diese Farbe hatten. Aber da waren alle möglichen Leute, mit denen man Konversation betreiben musste, höflichkeitshalber. Sie hatte nichts gegen Konversation, das fand sie sogar richtig nett, allermeistens. Aber nicht nach einem Sommerarbeitstag, wenn die Kleidung an ihr klebte und sie den ganzen Tag freundlich-beschwingt lächeln und parlieren musste. Und so ein Tag war heute gewesen; heute brauchte sie den See. Sie zog sich das Sommerkleid über den Kopf, der Einfachheit halber hatte sie den Bikini schon drunter angezogen. Abgesehen von ein paar Teenagern, die es sich auf Decken an der anderen Seeseite gemütlich gemacht hatten, war sie allein. Im Wasser war niemand, und das war ihr gerade recht. Barfuß lief sie die paar Schritte zum Ufer und betrat die grüne Kunstrasenmatte, die verhindern sollte, dass man gleich auf den ersten drei Metern ausrutschte.

Denn der Boden war hier durchaus glitschig, aber das störte sie nicht. Es ging. Zumindest war er weniger glitschig als zum Beispiel im Degenbachsee abseits des Kieselstrandes, wo man sich bei einer Berührung der Zehen mit dem Seeboden ohne Probleme vorstellen konnte, dass da unten nicht nur eine, sondern gleich mehrere verwesende Leichen lagen. Sie ging die Matte entlang, Plastikgras unter den Füßen, und tauchte endlich den linken großen Zeh ins Wasser. Uuuuh, es war schon verdammt kalt! Das lag mit einiger Wahrscheinlichkeit an der Quelle, die den See speiste. Acht Grad hatte das Wasser angeblich, hatte ihr ein Einheimischer mal erklärt. Das glaubte sie zwar nicht, ihr war das Wasser immer deutlich wärmer vorgekommen, wenn sie mal einen Finger in den Quellfluss gehalten hatte. Trotzdem − kühl war der See allemal. Es kostete Überwindung. Wie immer blickte sie zurück zu den hohen Bäumen, die das östliche Ufer umstanden, zurück zu ihrer Liegedecke, die von der strahlenden Sommersonne beschienen wurde und sich aufzuheizen begann. Nein, sie würde der Bequemlichkeit widerstehen, denn es war doch herrlich im eiskalten Quellwasser. Sie drehte sich wieder um und wagte sich Schritt für Schritt weiter hinein, benetzte endlich Arme und Beine, fand es gar nicht mehr *so* unangenehm kalt. Der Kunstrasen hörte auf, und ihre Füße wären fast ausgeglitten. Sie fing sich in letzter Sekunde, um dann endlich mit einem Satz einzutauchen ins kühle Nass. Für ihre ersten beiden Schwimmzüge tauchte sie ganz unter, öffnete unter Wasser die Augen, sah Grün, Grellolivgrün. Auftauchend blickte sie in einen knallblauen Himmel mit

28

watteweißen Wolken. Drehte sich auf den Rücken, legte die Hände auf den Bauch und beobachtete die Wolken, wie sie ihre Bahnen zogen. Atmete tief aus und wieder ein. Fühlte ihr Haar im Wasser wehen. Dann drehte sie sich auf den Bauch, um ein paar Runden zu schwimmen, um all den Stress zu vergessen, den Stress im Büro. Den Stress mit ihrer Schwester. Und den Stress mit Georg, mit dem sie erst neulich am See hier ein tiefschürfendes Gespräch geführt hatte, über ihre Liebe, die keine mehr war. Georg hatte sich alle Mühe gegeben, sie zu verprellen. Denn ihm war das Ganze einfach zu kompliziert, die Sache mit ihr, und da gab es ja auch noch die Marion, mit der war es bedeutend leichter, die war nicht so fordernd. Die setzte ihn nicht so sehr unter Druck, wie sie es tat. Die verstand ihn viel, viel besser. Also. Trotz aller Mühe, die er sich gegeben hatte, hatte Georg aber eines nicht geschafft: ihr den See zu vergällen. Denn sie hatte sich dort mit ihm getroffen, weil es *ihr* See war, ihr Revier. Mit oder ohne Georg. Sie tauchte erneut, schwamm durch den schattigen, nördlichen Bereich in den sonnendurchfluteten. Unter Wasser war das ein Wechsel von Dunkelgraugrün zu Grelloliv, und ja, es wurde auch wärmer. Sie ließ sie treiben, machte weitere Schwimmzüge. Sie war ganz allein, und es war herrlich. Obwohl. Allein war sie nicht, wenn sie sich genauer umsah – denn was waren denn das für Murmeln, die da luftblasengleich auf dem Wasser schwammen? Im Bruchteil einer Sekunde waren sie wieder verschwunden, aber ihr war klar, dass das ein Frosch gewesen war, der sie wohl neugierig beäugt hatte. Richtig, es gab Frösche hier, große, grüne

Bilderbuchfrösche. Gemeine Wasserfrösche, um genau zu sein. Sie sonnten sich meistens am Südufer und begannen vor allem abends ihr Konzert, dem sie damals immer so gerne gelauscht hatten, Georg und sie. Damals, als sie noch gemeinsam am See gewesen waren, abends und auch nachts. Bevor sie ihn so dermaßen unter Druck gesetzt hatte, dass er sich für die süße, unkomplizierte Marion entschieden hatte, endgültig. Sie verlangsamte ihre Bewegungen, versuchte, eins zu werden mit der Strömung des Teichs. Mit der leichten Bewegung, die die Quelle vorgab. Ließ sich treiben, tastete sich mit kleinen, leisen Schwimmzügen zum Südufer vor. Dort, im spärlichen Schlamm, der sich zwischen den Steinfugen festgesetzt hatte, wuchsen fahlgrüne Stängel. Sie hatte keine Ahnung, wie dieses Kraut hieß, aber als Kind hatte sie sich immer Armbändchen daraus geflochten. Das ging gut, da das Gras recht steif war, aber trotzdem biegsam. Und hier hielten sich meistens die Frösche auf, das wusste sie. Sie tastete sich näher heran, blinzelte. An zwei Stellen platschte das Wasser, sie sah schemenhaft grellgrüne Flecken, die sich rasch entfernten. Aber da, geradeaus, da saß noch einer. Er war etwa drei Meter entfernt, und er machte keinerlei Anstalten, vor ihr zu fliehen. Er sah vielmehr so aus, als würde er sie mit seinen gelbgrünen Murmelaugen anblicken. Irgendwie neugierig, fragend. Sie bewegte sich langsam, unendlich langsam. Sie wollte ihn unbedingt betrachten, näher rankommen. Noch näher, und sie war sich sicher, dass er sie entdeckt hatte, denn obwohl er seine Position überhaupt nicht verändert hatte, behielt er sie im Auge, das konnte sie sehen. Sie war nicht mehr weit entfernt, vielleicht noch einen Meter, sah sein mäanderndes Muster in Gelb, Grün und Schwarz, begann sich zu fragen, wie er sich wohl anfühlen würde. Noch 50 Zentimeter, und sie kam immer noch näher, das Gesicht halb im Wasser. Bewunderte seine Zeichnung, die blanken Augen, den strichartigen, dunklen Mund, der von hellgrünen Punkten gesäumt war. Näher, näher, noch näher kam sie. 30 Zentimeter, 20. Sie streckte den Finger der linken Hand aus, vorsichtig, langsam – ob er sich wohl anfassen, sich streicheln lassen würde? In seinem Auge blitzte es, und der Frosch tauchte ab, langsam und elegant. Ein Lächeln stahl sich auf ihre Lippen, und es wich Verwunderung, als sie erkannte, wohin der Frosch schwamm. Einen Sekundenbruchteil später spürte sie nämlich seine Zehen auf ihrer rechten Hand, er hatte sich direkt darauf gesetzt und blickte nun mit seinen Murmelaugen zu ihr hoch. Sie blinzelte, konnte es kaum fassen, bewegte leicht ihre Finger, aber das störte ihren neuen Freund nicht. Spürte verwundert die Zartheit der Haut, sah das schöne Muster, dessen Intensität nun vom olivfarbenen Wasser gedämpft wurde. Sie würde einfach so liegen bleiben, hier am Ufer, in der spätabendlichen Sonne, mit dem Frosch auf der Hand. Ein Lächeln stahl sich auf ihre Lippen, ach was, du spinnst ja! Du kannst nicht ewig so verharren. Und der kleine grüne Kerl da muss auch weiter, und ein Froschkönig ist er ja nicht. Sie bewegte ihre Finger etwas heftiger, aber immer noch blieb er sitzen. Sah sie an, herausfordernd und vielleicht etwas vorwurfsvoll, weil sie ihn loswerden wollte. Sie hob die Hand, näherte sie der Wasseroberfläche, samt dem kleinen gelbgrünen

König. Er saß auch noch da, als sie die Hand vor ihr Gesicht hielt. Staunend betrachtete sie ihn für einige weitere Sekunden, bevor sie ihn doch noch küsste.

Sommerliebe

Libellenliebe

Und über mir fliegt die Libelle
und unter mir der See.
Und ich liebe Dich,
dafür, dass Du bei mir bist.
Über uns flüstern die Weiden
und unter uns die Wellen.

Und über uns kreist die Libelle
und meine Hand in Deinem Haar
und Deine Hand auf mir.
Dein Kuss auf meinem Mund.
Der Wind fährt mir durchs Haar
und streichelt mich wie Du.

Und über uns schwebt die Libelle
in Glas und Grün und Blau
und unter uns die Fische
in Silberfunkelgrau.
Berührt von tausend Blicken
am sonnenwarmen See.

Und über uns steht die Libelle
und glitzert mit den Flügeln.
Und unten glänzt das Wasser
es riecht nach Nass und See
wie teure Diamanten
und immergrünes Moos.

An meinem Ohr summt die Libelle
und flüstert mir was ein.
Uns trifft vom Spiegelkarpfen
ein Funkelwasserstrahl.
Ich küsse Dir die Tropfen weg
und spüre Deine Wärme.

Und auf mir landet die Libelle
und streichelt mich wie Du.
Sie flüstert mir garz leis vom Flug:
Los, komm doch, komm mit mir!
Und meine Hand in Deiner Hand
ich frag Dich: Fliegst Du mit?

Sommersonnwende

In dieser langen kurzen Nacht
da duftet der Holunder
die Nacht ist kurz, ich halte Wacht
und hoffe auf ein Wunder.

In dieser kurzen langen Nacht
beim Lindenblütenschimmer
bei Rosenknopsenwunderpracht
da weiß ich: Du kommst nimmer.

Ich sehe keinen Silbermond
und keine Silbersterne
ich war den Rosenduft gewohnt
doch nun bist du so ferne.

Der Tag, er geht nicht, weg, du Licht,
brich an, du Dunkelheit!
Wenn alles auseinanderbricht
bin ich zu gehn bereit.

Um mich herum fällt Finsternis
da blinkt ein Sternlein auf
ich rieche Rosenduft - gewiss!
Ich schlag die Augen auf.

Hohenloher Phantasien

Die Versteinerung

Das Nachmittagslicht legt eine lähmende Stille über alles. Über die Wiesen, die vor ihr liegen, und über den Waldrand. Die Luft ist drückend warm. Hier im Jagsttal trifft die Hitze des Sommers die Menschen mit voller Wucht. Sie nimmt den Picknickkorb in die andere Hand. Er ist schwer. Grillen zirpen und Bienen summen. Heuschrecken hüpfen durch das trockene Gras, kopflos vor ihr fliehend. Dabei will sie den Heuschrecken gar nichts tun. Sie will zum Grillplatz an der Jagst. Zur Heinzenmühle. Dort ist sie mit ein paar Freunden verabredet. Sie fasst den Picknickkorb fester. Sehnsüchtig fixiert sie den Waldrand, von dem sie weiß, dass dort Aussicht auf Kühlung besteht. Sie geht schneller, den Blick immer auf die Bäume gerichtet. Dann, endlich, endlich hat sie den Wald erreicht. Sie atmet tief durch und taucht dann ein in die sommerliche, angenehme Kühle. Irgendwelche Blumen kriechen vor ihr über den Boden, sprenkeln die duftende Erde hier und da bunt. Ein Eichelhäher hat sie erspäht und platziert sich zehn Meter von ihr entfernt auf einem Ast, empörte Rufe ausstoßend. Sie folgt dem schmalen Trampelpfad. Unten hört sie die Jagst rauschen. Steinerne Stufen sind in den Fels gehauen. Sie achtet darauf, nicht zu fallen, denn das wäre hier am Hang fatal. Einer ihrer Schuhbändel hat sich gelöst. Sie bückt sich, um ihn wieder zu binden. Da plötzlich stutzt sie. Was ist das denn? Einen so seltsamen Stein hat sie noch nie gesehen. Aus dem Stein ragt eine

Schnecke. Nein, eher eine Muschel. Sie stellt den Korb ab und geht in die Knie, um den Fund näher in Augenschein zu nehmen. Vorsichtig, beinahe zärtlich streichelt sie über die raue Oberfläche. Eine Muschel, eindeutig. Eine versteinerte Muschel. Und Seelilien. Kleine Zylinder, die sich deutlich von der regulären Oberfläche des Steins abheben. Und dann erinnert sie sich. An den Erdkundeunterricht. Dass hier früher mal ein Meer war, vor Millionen von Jahren. Und dass es im Jagsttal ja Muschelkalk gibt. Vor Millionen von Jahren! Als noch die Dinosaurier lebten. Sie kann sich gut vorstellen, dass hier Dinosaurier gelebt haben. In diesem wilden, zerklüfteten Tal. Obwohl das hier ja ein Meer war. Aber sicher lebten in dieser Gegend Flugsaurier, allesamt Fleischfresser, die den Luftraum über dem Meer beherrschten. Im Meer tummelten sich sicherlich wunderlich aussehende Viecher aller Art, Quastenflosser, Riesenkraken, Leviathane und ähnliches Zeug, mächtige Kolosse, die einen Menschen wie sie maximal als Hors D'Ouevre betrachtet hätten. Maximal. Und wer weiß, vielleicht hat es ja auch eine kleine Insel ganz in der Nähe gegeben, auf der sich einige Landsaurier angesiedelt hatten. Tyrannosaurus Rexe. Brachiosaurier. Und Raptoren. Die so fies in Gruppen jagten, wie in Jurassic Parc. Die ihre Opfer aufschlitzten, mit einer einzelnen, scharfen Kralle, um sie dann auszuweiden und sich an ihren Innereien gütlich zu tun. Und vielleicht hatte es auf der Insel einen ganz ähnlichen Wald wie diesen hier gegeben, ganz ähnlich, wohl nur ohne den Grillplatz. Vielleicht. Konnte ja sein, durchaus. Damals hatte es ja noch keine Menschen gegeben, aber hätte es welche gegeben, dann hätten die sicherlich nichts zu lachen gehabt. Den Kampf gegen so einen Saurier konnte man nur verlieren. Da half weder der beste Bogen noch der schärfste Speer. Sie steckt den Stein in die Tasche und richtet sich wieder auf. Gut, dass sie heutzutage lebt, und nicht vor Millionen von Jahren. Mit dem Picknickkorb in der Hand folgt sie weiter dem Pfad, in Richtung Fluss, der unter ihr rauscht. Ihr Schritt ist unbekümmert. Etwas Großes huscht hinter ihr vorüber.

Kokosnuss im Freibad

Die Kohle hat in diesem Jahr einfach nicht gereicht. Es hat Kurzarbeit gegeben, der Firma geht es nicht gut, gar nicht gut. Und so ist der Urlaub ausgefallen. Blöd eigentlich, aber gut, dass das Wetter hier in Hohenlohe wirklich schön ist. Sie hat also beschlossen, den Urlaub „auf Balkonien" zu verbringen – was eigentlich nicht ganz korrekt ist, weil sie ja gar keinen Balkon hat. Aber eben zuhause. Und es sich jeden Tag so richtig schön zu machen. Zwar ist sie im Urlaub ein Strandtyp, aber wichtig ist ihr ja auch, dass sie schwimmen gehen kann. Und ob sie jetzt in der Dominikanischen Republik im Pool schwimmt oder in Crailsheim im Freibad – nun, das ist eigentlich das Gleiche, irgendwie zumindest. Sie breitet ihr Handtuch auf den warmen Steinstufen beim Großen Becken aus. Es ist ihr bevorzugter Ort, denn nur dort wird es so warm, als sei man auf einer beheizten Marmorliege im Spa. Oder eben am Strand in der Dom Rep. Okay, nüchtern betrachtet ist es doch nicht ganz dasselbe. Es sind eben doch Verbundpflastersteine aus Beton. Verdammt. Es ist eben doch nicht die Dom Rep. Sie blickt auf das türkisblaue Wasser, das aber nur deshalb türkisblau ist, weil die Fliesen eben diese Farbe haben. Anders als das Meer in der Dom Rep. Das ist von alleine türkisblau. Und unter den Fingern würde sie auch nicht körnigen Beton fühlen, sondern feinen, weißen Sand, in den sie ihre Fingerspitzen graben könnte. Desillusioniert dreht sie sich auf den Bauch, sieht weg vom Becken, holt eine Frauenzeitschrift heraus, blättert lustlos darin herum. Sie liest immer Frauenzeitschriften im Urlaub, eigentlich. Es gehört zum Strandritual dazu. Aber heute stellt sie fest, dass die Magazine immer dämlicher werden. Sie klappt das Blatt entnervt zu und liest auf dem Cover, von dem eine dürre Brünette grinste:"Die wunderbare Kohlsuppe – 3 Kilo in 3 Tagen". „Summer-Beach-Frisuren – der Undone-Look" und „Traumziele in der Karibik". Sie schnaubt. Na toll. Sogar die Artikelankündigungen haben sich gegen sie verschworen. Sie pfeffert die Zeitschrift von sich und dreht sich auf den Rücken, blickt in den wolkenlosen Himmel. Wenigstens der ist derselbe. Himmel ist Himmel, und er ist blau. Immerhin! Dann plötzlich kommt ihr ein Gedanke. Sie hat ja noch etwas dabei. Außer der blöden Zeitschrift. Sie rappelt sich hoch und durchstöbert die große Tasche, die sie normalerweise für den Strand benutzt. Da, da ist es. Sie schließt ihre Hand um das ökologisch unkorrekt in Frischhaltefolie verpackte, kugelförmige Gebilde. Die frische Kokosnuss. Eine Trinkkokosnuss. 3,99, im Handelshof. Eigentlich dekadent für das bisschen Flüssigkeit, aber dann auch wieder nicht, verglichen mit einem Urlaub in der Karibik. Und immerhin hat sie Urlaub, Urlaub in der Heimat. Und im Urlaub darf man sich schließlich auch einmal was gönnen. Sie wickelt die Folie ab und setzt sich aufrecht hin. Ein ebenfalls in Plastik verpacktes Röhrle ist dabei. Sie fühlt sich wie damals als Kind, wenn man den Strohhalm in die Capri-Sonne gepiekst hat. Aber dieses Getränk ist deutlich hochwertiger als eine zuckerige Capri-Sonne. Und teurer. Die Kokosnuss ist noch grün, wirkt aber irgendwie geschält. Die weiße Hülle bildet ein perfektes Behältnis für ihr Getränk. In der Dom Rep würde der Job des Öffnens von knackigen Kokosnuss-Händlern übernommen werden und man bräuchte gar nichts zu tun. Und es wäre auch nicht so teuer. Kurz betrachtet sie die Nuss – wie kriegt man jetzt das Röhrle in die Frucht? Womöglich muss man eines der drei Löcher durchstoßen. Sie hofft, dass das Röhrle das aushalten würde. Piekst und stochert. Und ist endlich durch, das relativ kurze, schwarze Röhrle versinkt in der Nuss. Und dann trinkt sie von der kostbaren, sündhaft teuren Flüssigkeit, erst probeweise saugend, dann einen kleinen Schluck. Behält ihn eine Weile im Mund, schmeckt. Mhmmh! Wunderbar! Kokoswasser. Karibik in Reinform.

Hypothesen am Degenbachsee

Sie liebte ihn. Oder? Sie schloss die Augen und machte einen kraftvollen Zug. Sie war eine gute Schwimmerin, ihre Arme teilten das kühle, klare Wasser mühelos. Er war hinter ihr. Sie hörte es am leisen, unbeholfenen Plätschern. Er hatte unbedingt mitschwimmen wollen, hinüber auf die andere Seite. Hier am Degenbachsee, wo sie immer im Sommer schwimmen gingen. Riskant eigentlich, überlegte sie, bei seinem schwachen Herzen. Was wäre, wenn er unterginge?, fragte sie sich. Würde ich ihm helfen? Sofort erschrak sie. Was denkst Du da!, ermahnte sie sich und: Wie kannst Du nur!, tadelte eine Stimme in ihr. Nur angenommen, beruhigte sie sich, nur theoretisch! Hypothetisch. Was wäre, wenn sie ihm nicht helfen würde? Traurig würde sie dann an seinem Grab stehen, feierlich sänge der Chor „Näher mein Gott zu Dir", und sie würde ganz zauberhaft aussehen in dem schwarzen Kostüm mit dem Tüllschleierhut und dem darunter liegenden Tränenschleier. Und Andreas stünde neben ihr, seine starken Arme um sie gelegt, mit dem festen Vorsatz, nicht zu weinen, nicht als Mann, und verstohlen würde er sich schließlich doch eine Träne aus dem Augenwinkel wischen, wenn sie den blumengeschmückten Sarg seines Freundes ins kühle Grab hinabließen. Das Plätschern hinter ihr wurde lauter. Offenbar holte er auf. Hinterher würden sie alle zum Leichenschmaus in den „Doppeladler" gehen, schniefend würde sie die Kondolenzen entgegen nehmen, und wiederum würde sie ganz entzückend aussehen, wie Schneewittchen, blass, aber schön. Hinter ihr platschte

das Wasser. Vielleicht würde sie nach einer Weile etwas mit Andreas anfangen, selbstverständlich erst nach einem Jahr oder zwei, damit sie nicht ins Gerede käme. Danach würden die Leute es verstehen, sie ist ja noch jung, würden sie sagen, und eine schöne Frau. Sie dachte an die starken Arme von Andreas. Aber auch mit Andreas würde es langweilig werden eines Tages, dachte sie weiter, auch er würde ein bisschen Speck ansetzen, Bier trinken und Fußball schauen. Alles wäre, wie es jetzt war. Ich glaube, ich liebe ihn doch, sagte sie sich. Ein bisschen. Sie machte noch einen Zug im klaren Wasser und drehte sich um, um ihn anzulächeln. Er war nicht da.

Hohenloher Betrachtungen

Wolkenboote

Es gibt da so eine besondere Wolkenformation, von der ich mir einbilde, dass sie nur hierzulande auftritt. Dass sie für die hiesige Gegend absolut typisch ist. Das ist natürlich völliger Quatsch, jeder Meteorologe, ganz speziell jeder Wolkenforscher, würde mir da vehement widersprechen. Und hätte womöglich auch vollkommen recht damit. Aber für mich sind die „Wolkenboote", wie ich sie nenne, eben typisch für die Hohenloher Ebene. Ich bin fest davon überzeugt, dass die Wolkenboote speziell im Sommer und im Spätsommer gehäuft auftreten. Sie gleichen Kanus, und sie ziehen in großen Flotten am Himmel, der ihr Fluss ist, dahin. Über die Felder, Wiesen und Wälder. Über kleine und große Ortschaften. Über echte Flüsse, Bäche und kleine Seen. Und ich stelle mir vor, wie schön es wäre, in einem dieser flauschigen weißen oder weißlilafarbenen Wolkenboote mitzufahren und Hohenlohe von oben zu betrachten.

Sommerregen

Wolken färben heut das Blau
meines Himmels ehern grau
Düsternis statt gleißem Licht
bleiernes Gewicht.

Fällt ein Tropfen
einer mehr
zwei, drei, vier - sie klopfen,
fallen, tropfen, platschen schwer
hundert, tausend Tropfen.

Plitsch-platsch fällt das Sommernass
tropft der Sommerregen
plitsch und platsch und klitschend nass
auf Wäldern, Feldern, Wegen.

Rinne, Regen, rinne hell
Silberfäden spinne!
Trinke, Erde, trinke schnell!
Regen, halt nicht inne!

Brause, sause Sommersturm,
donner, tobe, blitze!
Wüte um den Glockenturm!
Kühl die schwüle Hitze!

Tose, Wasser, tose schwer!
Ströme, Silberflut!
Trinke, Erde, trinke mehr!
Trotz der Sommerglut!

Ruhe, Regen stille jetzt!
Sanfter, leiser werde!
Hast den Boden neu benetzt –
duft'ge Sommererde!

Das Gerstenfeld

Das Gerstenfeld ist im Juni grün. Eigentlich nicht nur grün, sondern grüngrün. Denn die Farbe ist so überwältigend, so strahlend, dass man sie gar nicht beschreiben kann und dass es auch keine genaue Bezeichnung dafür gibt. Man kann versuchen, sie zu umschreiben: Es ist kein Neongrün, keinesfalls. Aber es ist auch kein Grasgrün. Sondern gelblicher, intensiver. Allerdings nicht unangenehm in den Augen, nicht stechend. Vielmehr wohltuend, wunderbar, satt. Verbunden mit dem Geräusch, das die Ähren machen, wenn der Wind über sie streicht, absolut beruhigend und wunderschön.

Im Juli blüht der rote Mohn, es blühen die blauen Kornblumen und die weißgelben Kamillen. Oft sind es falsche Kamillen - aber die sind sowieso hübscher, auch, wenn sie nicht so gut riechen wie die echten, aus denen die Omas immer Magentee hergestellt haben. Die Sonne strahlt durch die Mohnblütenblätter und bringt sie wie kleine Lampions zum Leuchten. Sie leuchten durch das Gelb des Gerstenfeldes, das immer noch leicht ins Grünliche tendiert. Aber die Ähren beginnen, abzusterben und nähern sich ihrer Erntereife.

Im August ist jegliches Grün gewichen, die Ähren sind jetzt von einem absoluten Gelb, das nach und nach immer mehr ins Bräunliche tendiert. Obwohl „braun" nicht wirklich die richtige Bezeichnung ist – vielmehr vielleicht „senffarben". Die Kornblumen sind verblüht, der Mohn ist längst abgefallen. Seine Blüten haben sich in kleine Samenkapseln verwandelt, die wie fest montierte Ufos im Wind schwingen und bei jeder Bewegung schwarzen Mohn verstreuen. Aber die Trichterwinden blühen noch, weiß und rosa, mit sattgrünen Blättern sich zwischen den senffarbenen Stängeln hindurch schlängelnd, als wären sie Dekoration.

Im September spätestens gibt es das Gerstenfeld nicht mehr, denn es hat seine Bestimmung erfüllt. Das Korn ist ausgereift und abgeerntet. Was zurückbleibt, sind Stoppelfelder, starre Stängel. Man sieht, dass alles Leben aus ihnen gewichen ist, und leider kündigen diese Stoppelfelder auch das Herannahen des Herbstes an. Deshalb ist es Zeit, die letzten Sonnenstrahlen zu genießen, wenn man die Strohballen auf den Feldern liegen sieht, unter einem noch strahlend blauen Himmel.

Am Schweinemarktplatz

Am Schweinemarktplatz gibt zwei Pizzerias, einen Chinesen, ein deutsches Café, zwei Eisdielen und ein paar Läden. Wenn man nur den hinteren Teil des Schweinemarktplatzes betrachtet, also den, der am ehesten wie ein abgeschlossener Platz wirkt, dann bleiben noch eine Pizzeria, eine Eisdiele, ein Café und drei Läden. Und im Sommer ist draußen alles belegt. Man muss raubtierhaft auf einen Platz lauern. Aber es gibt einen Platz, der garantiert immer frei ist. Und das ist der Brunnen. Im Sommer gehe ich gern mit meinem schwarzbraunen Hund Lola in die Stadt. Dann holen wir uns zwei Eiskugeln in der Eisdiele. Die Sorten, auf die ich gerade Lust habe. Es ist schön, sich wie ein Kind etwas aussuchen zu dürfen. Heute entscheide ich mich für Malaga und Stracciatella. Dann gehe ich mit der Leine in der einen und dem Eisbecher in der anderen Hand die paar Schritte zum Brunnen. Die Sonne scheint. Der Himmel ist blau. Das Wasser des Brunnens plätschert vor sich hin und spendet angenehme Kühle. Ich lasse mich nieder, der Stein ist warm. Neben mir fließt Wasser, und Lola trinkt davon, ihre Vorderpfoten liegen auf der Rinne. Ich tauche den Löffel in das Eis und stecke es mir in den Mund. Lecker! Auf dem Rathausturm klappern die Störche. Zwei Kinder spielen hinter mir am Brunnen. Der Platz ist erfüllt von den Gesprächen der Menschen. Pärchen in Sommerkleidung gehen vorbei. Der Pizzeriachef aus Sri Lanka winkt mir freundlich zu, ich winke zurück. Und finde es irgendwie schön am Schweinemarktplatz. Sommerschön.

Sommernächte

Der Komet

Du tiefe, blaudurchglänzte Nacht
mit deinem Sternenhimmel
mit funkelheller Glitzerpracht
und blinkendem Gewimmel.

Die Stadt ist weit
und ich bin fort
in tiefer Einsamkeit
am blaudurchglänzten Funkelort
zu Neuem nun bereit.

Denn zwischen allen Lichtern hier
im funkelnden Gewimmel
erscheint der eine andre mir
am sterndurchglänzten Himmel.

Er ist so anders
ist so hell
hat eine Sternenfahn
er wandert, wandert
nicht so schnell
zieht seine Silberbahn.

Ich blicke zu ihm, zum Komet
seh' seinen Himmelsritt
ich spreche leise ein Gebet –
ich wünsche, ich könnt mit!

50

Das anheimelnde Display

Ich mache einen nächtlichen Spaziergang. Es ist eine laue Sommernacht, und die Grillen zirpen. Ich bin rausgegangen, in Richtung der Felder. Abends laufe ich gern diese Runde, die zu einem kleinen Bächlein und einem See führt. Allerdings ist der See so versumpft, dass er gar nicht als See zu erkennen ist. Einzig das Schilfrohr zeugt davon, dass es hier irgendwo Wasser geben muss. Ich blicke aufs Handy, es hat nur noch wenige Prozent Akku, nämlich noch zwei. Ich schreibe mit meiner besten Freundin. Probleme mit den Kerlen. Das lässt sich wunderbar bei so einem Spaziergang besprechen, außerdem leuchtet das Display so anheimelnd in der Dunkelheit. Ich überquere die kleine, die *sehr kleine* Brücke und lasse mich auf der Bank am Sumpfgebiet nieder. Nur noch ein Prozent, ich muss meine Antwort („Vergiss ihn endlich!") schnell abschicken, bevor … zu spät! Das Logo der Herstellerfirma erscheint, das Display schaltet sich ab. Jetzt ist es dunkel. Ganz dunkel. Ich bleibe einfach regungslos sitzen. Nach einigen Minuten passiert es. Es ist nicht mehr dunkel. Der Mond ist da und die Sterne. Sie sind mir vorher nicht aufgefallen, wegen des anheimelnden Displays. Aber jetzt. Blauweißsilbern schimmert es, ein Stern links von mir glimmt rötlich. Der Mars. Und plötzlich – ein grünes Licht vor meinen Augen. Außerirdische? Nein, Glühwürmchen!, stelle ich fest. Und nicht nur eines. Fünf, sechs, sieben. Sie ziehen ihre Bahnen in der lauen Sommernacht. Sie schwirren nach einem geheimen Plan, den ich nicht kenne. Und plötzlich habe ich das Gefühl, sie tun es für mich.

Katze in der Nacht

Die Straße ist lau
ich spüre den Grund
der Asphalt ist rau
zur nächtlichen Stund.

Ich gleite sanft vorwärts
der Nachtwind kommt auf
es klopfet mein Wildherz
treibt an meinen Lauf.

Der Himmel ist sternlos
verhangen und schwül
mein Weg, der scheint ziellos
der Wind streift mich kühl.

Ich blicke zum Feldrain
seh' Blumen im Grau
tags grünbunte Graswand
jetzt feuchtfrisch vom Tau.

Ins Feld tret ich ein
mich streichelt der Wind
die Nacht ist jetzt mein
und ich bin ihr Kind.

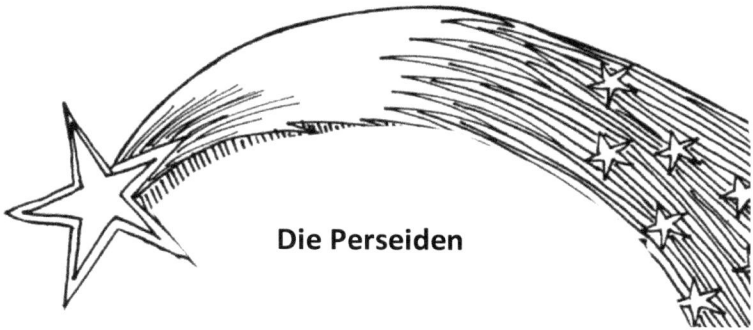

Die Perseiden

Die Sterne sind weit, eigentlich. Und doch wirken sie immer so, als gehörten sie zur Erde, zu uns Menschen, zu mir. Als seien sie meine persönliche Beleuchtung, leuchteten nur für mich. So, wie in dieser Sommernacht im August, in der die Perseiden vorbeiziehen. Jener Sternschnuppenschwarm, der unseren Planeten, meinen Garten, jedes Jahr im August besucht. Heute Nacht ist eine solche Perseidennacht, und ich staune wieder neu über die Lichter am Himmel. Über die, die immer da sind und deren Licht für Millionen von Jahren zu uns unterwegs ist. Die es vielleicht schon gar nicht mehr gibt, bis sie hier in meinem Garten ankommen. Und besonders über die Schnuppen, fallende Sterne. Ich weiß ja, dass es in Wahrheit keine fallenden Sterne sind. Sondern bloß irgendwelche kosmischen Partikel, kleinere und größere, die in unserer Atmosphäre in Tausenden Kilometern Höhe noch einmal aufleuchten, bevor sie endgültig verglühen. Aber ich finde die Vorstellung von den Sternen, die in meinen Garten fallen, schön. Und ich finde schön, dass ich mir etwas wünschen darf. Ich wünsche mir etwas. Ich darf es nicht sagen, sonst geht es nicht in Erfüllung. Aber ich denke es mir: dass ich glücklich bin.

Silbernacht

Silbern und schwarzblau
die helllichte Nacht
Felder in Blaugrau
regen sich sacht.

Zirpen Zikaden
von irgendwoher
wollen mich laden
zum Sommer und mehr.

Zirpen auch Grillen
und laden mich ein
heut in der stillen
Nacht draußen zu sein.

Glühwürmchen schwirrend
smaragden im Gras
grünsilbern flirrend
sie flüstern mir was.

Ich suche das Mondlicht
auf hellgrauem Weg
doch finde den Mond nicht
nur silbernen Steg.

Ein Feuer brennt hell dort
dort hinten am Hain
ich lenke den Schritt fort
bin lieber allein.

Bildnachweise:

Wildis Streng ist Gymnasiallehrerin in ihrer Heimatstadt Crailsheim. In der Freizeit widmet sich die überzeugte Hohenloherin der Malerei, der Fotografie und dem Schreiben. Aus ihrer Feder stammen bereits mehrere im Gmeiner-Verlag erschienene Kriminalromane rund um das sympathische hohenlohisch-westfälische Ermittlerduo Lisa Luft und Heiko Wüst. Mit dem vorliegenden Bändchen setzt sie ihrer Heimat ein weiteres liebevolles Denkmal.
www.wildisstreng.de

Lightning Source UK Ltd.
Milton Keynes UK
UKHW021148301120
374372UK00007B/175

9 783752 645927